JOSÉ CARLOS SAMPEDRO FORNER
ANTONIO BERENGUER FUSTER
FERNANDO RODRÍGUEZ TRIVES
DIBUJOS:
J. GARCÍA

VNA HISTORIA QVE NO CESA

II-Jesús de Nazaret

STAMPLEY

CON LICENCIA ECLESIÁSTICA
Pablo. Obispo de Orihuela-Alicante.

C.D. STAMPLEY ENTERPRISES, INC.
CHARLOTTE, N.C., U.S.A.
ISBN 0-915741-17-2 (Nuevo Testamento)
ISBN 0-915741-18-0 (Colec. completa)

ÍNDICE DE TEXTOS BÍBLICOS
NUEVO TESTAMENTO

ACAMPO ENTRE NOSOTROS

LE LLAMARÁS JESÚS, QUE SIGNIFICA SALVADOR.
DIOS SE HA FIJADO EN TI. ¿QUIERES SER LA MADRE DEL MESIAS ?.
EL SEÑOR CUMPLE SU PROMESA.
HARÉ LO QUE DIOS QUIERA. SOY SU SERVIDORA.
MARÍA CONTÓ A JOSÉ TODO LO QUE LE HABÍA SUCEDIDO.
LA QUIERO... PERO TENDRÉ QUE DEJARLA. ¡ES DIOS QUIEN LA HA ELEGIDO!.

NO LE DIRÉ NADA A NADIE. ¡NO QUIERO QUE LE HAGAN DAÑO!.
NO LA DEJES... ¡QUIERO QUE CUIDES DE ELLOS!.
LOS JUDÍOS ESTABAN BAJO LA DOMINACIÓN ROMANA.
GALIA
HISPANIA
ITALIA
ROMA
MACEDONIA
ASIA
CRETA
CHIPRE
SIRIA
Mar Mediterraneo
AFRICA PROCONSULAR
EGIPTO
IRÉIS A EMPADRONAROS...
HEMOS DE IR A BELÉN A EMPADRONARNOS.
¿AHORA?. ¡EN MI ESTADO!.
NO TE ENTRETENGAS MARÍA HEMOS DE APROVECHAR TODAS LAS HORAS DE SOL.
¡HASTA PRONTO!. ¡QUEDAD EN PAZ!.

Nazaret
Cesarea
Mar Mediterráneo
Río Jordán
Jerusalén
Azoto
Belén
Mar Muerto
¡ÁNIMO MARÍA!. ¡YA ESTAMOS LLEGANDO!.
¿PODEMOS PASAR AQUÍ LA NOCHE? ¡AUNQUE SÓLO SEA EN EL COBERTIZO!. MI MUJER ESTÁ A PUNTO DE DAR A LUZ.
¡NO PUEDE SER!. ¡ESTÁ TODO LLENO!.
¿CONOCE ALGÚN SITIO PARA PASAR LA NOCHE Y PROTEGERNOS DEL FRÍO?
PODÉIS IR A LAS CUEVAS DE LOS PASTORES.
AQUÍ ESTAREMOS BIEN.
¿QUÉ TAL TE ENCUENTRAS?

NO LEJOS DE ALLÍ...
¡VAYA UNA NOCHECITA!
¡ESTA NOCHE VA A HACER MUCHO FRÍO!
"GLORIA A DIOS EN EL CIELO Y PAZ EN LA TIERRA A TODOS LOS HOMBRES
¡DESPERTAD! ¡DESPERTAD!
¡VAMOS DEPRISA A BELÉN! ¡NOS HA NACIDO EL SALVADOR!
¿POR QUÉ ARMÁIS TANTO JALEO?
¡ALLÍ ES!
ALGUNOS HAN LLEGADO YA ANTES QUE NOSOTROS.

ESTO PARA QUE LA MADRE SE ALIMENTE BIEN.
¡QUE GUAPO ES!
TOMA, ESTO ES PARA QUE NO PASES FRÍO.
MIENTRAS TODO ESTO ESTABA SUCEDIENDO... MUY LEJOS DE ALLÍ...
HEMOS DE IR A AVERIGUARLO.
¿QUÉ SERÁ ESA ESTRELLA?
... Y ASÍ LLEGARON A JERUSALÉN.
¿OS HA NACIDO UN REY? ¿DONDE ESTÁ?
¡NO SÉ DE QUÉ ME ESTÁS HABLANDO!
LA NOTICIA LLEGÓ HASTA HERODES.
REUNID EL CONSEJO.

SEGÚN NUESTRAS ESCRITURAS, EL MESÍAS TIENE QUE NACER EN BELÉN.
¡ESTÁ BIEN! LLAMAD A ESOS FORASTEROS.
... DEBE SER EN BELÉN... CUANDO LE ENCONTRÉIS, VENID A DECÍRMELO.
DE ACUERDO.
ALLÍ DEBE SER.
BUSCAD OTRO CAMINO. MARCHAD A VUESTRAS CASAS DIRECTAMENTE. NO VOLVÁIS A JERUSALÉN.
TAMBIÉN JOSÉ TUVO UN SUEÑO...
¡MARCHAD A EGIPTO!. HERODES BUSCARÁ AL NIÑO PARA MATARLO.

EN EL PALACIO DE HERODES...
¡NO HAN VUELTO!. TENGO QUE HACER ALGO, PUES, SI ESE NIÑO VA A SER REY DE LOS JUDÍOS, MI TRONO PELIGRA.
MANDÓ MATAR A LOS NIÑOS NACIDOS EN BELÉN.
PARA EVITAR LA MUERTE DEL NIÑO, TUVIERON QUE MARCHAR A EGIPTO.
ENTONCES.... ¿ESTÁS SEGURO DE QUE HA MUERTO HERODES?
SÍ
¡MARÍA! ¡MARÍA!. YA PODEMOS VOLVER A CASA. HA MUERTO EL QUE QUERÍA MATAR A NUESTRO HIJO.

EN NAZARET, LA VIDA TRANSCURRÍA TRANQUILAMENTE. JESÚS IBA CRECIENDO...
LA FIESTA DE PASCUA ESTÁ PRÓXIMA. HEMOS DE PREPARARNOS PARA IR A JERUSALÉN.
ESTE AÑO HA VENIDO MUCHA GENTE A LA FIESTA.
SÍ, ES UNO DE LOS AÑOS QUE MAS GENTE VEO.
LAS FIESTAS HAN RESULTADO MUY BONITAS. ¡LÁSTIMA QUE TERMINEN TAN PRONTO!
ES VERDAD.
¡JOSÉ!. ¿ESTÁ JESÚS CONTIGO?
¡NO!. YO CREÍA QUE IBA CONTIGO.
¿DÓNDE SE HABRÁ METIDO?

NO TE PREOCUPES. ESTARÁ CON SUS AMIGOS. VOY A BUSCARLO POR AQUÍ, TÚ VETE POR ALLÁ.
¿LO HAS ENCONTRADO?
NADIE LO HA VISTO. ¡VOLVAMOS A JERUSALÉN!
¡MIRA ALLÍ ESTÁ!
¡VAYA SUSTO NOS HAS DADO!
DESPUÉS DE ESTO, JESÚS VIVIÓ CON ELLOS EN NAZARET HASTA LA EDAD DE 30 AÑOS.

PREPARAD EL CAMINO DEL SEÑOR

EL SEÑOR HA CUMPLIDO LO QUE NOS PROMETIÓ.
CUANDO FUE MAYOR ...
CONVERTÍOS Y PREPARAD EL CAMINO AL SEÑOR.
¿QUÉ TENEMOS QUE HACER?
EL QUE TENGA MUCHO QUE COMPARTA CON EL POBRE...
NO EXIJÁIS MÁS DE LO JUSTO.
NO SEÁIS VIOLENTOS...

YO OS BAUTIZO CON AGUA, PERO DETRÁS DE MÍ VIENE UNO QUE OS BAUTIZARÁ EN EL ESPÍRITU.
YO TE BAUTIZO...
¿SERÁ EL MESÍAS ESPERADO?
YO CREO QUE SÍ.
YO NO SOY EL MESÍAS. VIENE DETRÁS DE MÍ.
... NO MEREZCO NI DESATARLE LAS CORREAS DE SUS SANDALIAS.
JUAN, QUIERO QUE ME BAUTICES.

¿TÚ ME PIDES EL BAUTISMO?. SOY YO QUIEN NECESITO QUE TÚ ME BAUTICES.
BAUTÍZAME, JUAN.
ESTE ES MI HIJO, A QUIEN YO QUIERO. ESCUCHADLE.
UNA VEZ BAUTIZADO, SE RETIRÓ JESÚS AL DESIERTO, GUIADO POR EL ESPÍRITU...
... ALLÍ SE PREPARÓ PARA CUMPLIR SU MISIÓN...
Y FUE TENTADO POR SATANÁS.
NO ME APOYARÉ EN LA ABUNDANCIA DE BIENES MATERIALES.
CON GRANDES MILAGROS ME ACEPTARÍAN... PERO NO ES ÉSA MI MISIÓN...
SI FUERA PODEROSO, ME RESPETARÍAN... PERO SERÉ EL SIERVO DE TODOS...

...Y DESPUÉS DE ESTAR MUCHOS DÍAS EN CONTACTO CON DIOS SU PADRE, DEJÓ EL DESIERTO Y COMENZÓ SU MISIÓN.
COMENZÓ EN NAZARET...
EL ESPÍRITU DEL SEÑOR ESTÁ SOBRE MÍ...
PORQUE ÉL ME HA UNGIDO PARA QUE DÉ LA BUENA NOTICIA A LOS POBRES...
ME HA ENVIADO PARA ANUNCIAR LA LIBERTAD A LOS CAUTIVOS Y LA VISTA A LOS CIEGOS.
... PARA PONER EN LIBERTAD A LOS OPRIMIDOS, PARA PROCLAMAR EL AÑO DE GRACIA DEL SEÑOR.

HOY SE CUMPLE EN MÍ ESTA PALABRA.
¿QUÉ DICE ÉSTE?
¿QUIÉN TE HAS CREÍDO QUE ERES?
¿ACASO NO ES EL HIJO DEL CARPINTERO?
NINGÚN PROFETA ES BIEN RECIBIDO EN SU TIERRA.
¡ESTO NO SE PUEDE CONSENTIR!
¡ARROJÉMOSLE POR EL BARRANCO!
PERO JESÚS SE ABRIÓ PASO ENTRE ELLOS Y SE MARCHÓ.

LA COSA EMPEZO EN GALILEA

¡A LOS AMOS HABRÍA QUE ELIMINARLES!
ASÍ NO SE ARREGLA NADA. HAY QUE CAMBIAR DE FORMA DE PENSAR.
TODOS TENEIS QUE CONVERTIROS
¡QUE CAMBIE ÉL!
CAMBIAR ¿POR QUÉ?
¡PORQUE EL REINO DE DIOS ESTÁ MUY CERCA!
HOLA, ANDRÉS.
DICE PEDRO SI TE VIENES A PESCAR.
¿TE VIENES?
NO. ESTOY CANSADO.

NOS GUSTA TU FORMA DE PENSAR Y...
¿POR QUÉ NO OS VENÍS CONMIGO?
NUESTRA VIDA ES PESCAR.
¡CONMIGO PESCARÉIS HOMBRES!
¿QUÉ PIENSAS TÚ?
YO ME VOY CON ÉL.
YO TAMBIÉN. VAMOS A LA ORILLA.
ELLOS FUERON LOS PRIMEROS EN SEGUIRLE.
¡ALLÍ ESTÁN SANTIAGO Y JUAN!

PEDRO Y ANDRÉS SE VIENEN CONMIGO. SEGUIDME TAMBIÉN VOSOTROS.
YO CUIDARÉ DE JUAN, PADRE.
CON ELLOS COMENZÓ JESÚS SU MISIÓN.
UN AMIGO SE CASA EN CANÁ. TENEMOS QUE IR A LA BODA.
¿PARA QUE QUIERES QUE VAYAMOS SI NO CONOCEMOS A LOS NOVIOS?
A DONDE YO VAYA, IRÉIS VOSOTROS.

VENID A SALUDAR A MI MADRE.
VIVO CON ELLOS, MADRE; ME AYUDAN EN MI MISIÓN.
¡QUÉ ALEGRÍA! ¡HAS VENIDO!
¡SED MUY FELICES!
NO TIENEN BASTANTE VINO.
ESO NO ES COSA NUESTRA.
VEN AQUÍ.
MI HIJO TE DIRÁ LO QUE HAY QUE HACER.

LLENADLAS DE AGUA.
FALTA VINO.
ESPERA UN MOMENTO.
SI TÚ DICES QUE ESTO ES VINO...
... Y ES VINO... DEL MEJOR. ¡SERVIDLO!
¡VIVAAAA!
NUNCA HEMOS BEBIDO VINO TAN BUENO. ¡VIVA LOS NOVIOS!
CUÍDATE, HIJO.
ADIÓS, MADRE.
DESPUÉS DE LO QUE HE VISTO, TENGO FE EN ÉL.

¡YA ESTAMOS EN CASA!
¡ESTOS RECAUDADORES SON UNA PANDILLA DE LADRONES!
ESPERA UN MOMENTO
¡ESTO ES UNA INJUSTICIA!
MATEO, VEN CONMIGO.
ME DEBES EL IMPUESTO Y ADEMÁS EL INTERÉS.
¿POR QUÉ NO TE VIENES CONMIGO?
VENID A CENAR A MI CASA Y HABLAREMOS.
EN EL FONDO ERES BUENO, PERO LO QUE HACES NO ES HONRADO.

¡ES VERGONZOSO!
¡IR A LA CASA DE ESA GENTE!
¿POR QUÉ TU MAESTRO COME CON ESA GENTE?
NO NECESITAN MÉDICO LOS SANOS SINO LOS ENFERMOS.
ESCUCHAD: UN PASTOR TENÍA CIEN OVEJAS
ME FALTA UNA. IRÉ A BUSCARLA.
LA ESTUVO BUSCANDO POR TODAS PARTES.

¡ALLÍ ESTÁ. ¡QUÉ ALEGRÍA!
AL CAERSE SE LA HA ROTO...
CUANDO LLEGUE A CASA, LA CURARÉ.
¡BEBED CONMIGO! HE ENCONTRADO MI OVEJA PERDIDA!
YO TAMBIÉN HE VENIDO A BUSCAR LO QUE ESTABA PERDIDO.
ENCARGATE DE ESTO. YO ME VOY CON JESÚS.
VAYA PALO DISTE AYER A LOS FARISEOS...

EH, VENID. MIRAD QUIÉN ESTÁ AQUÍ.
¡QUEREMOS ESCUCHARTE!
MUCHOS TE ESCUCHAN, PERO NO TE HACEN CASO...
LO ÚNICO IMPORTANTE ES HACER CASO DE LA PALABRA DE DIOS.
ESCUCHAD: UNA VEZ HABÍA UN SEMBRA-DOR...
PADRE, ¿NO VAS A SEMBRAR DEMASIADO?
HAY MUCHA SEMILLA PERO... NO TODA DARÁ FRUTO.
MIRA, HAN CAÍDO SEMILLAS EN EL CAMINO Y LOS PÁJAROS SE LAS COMERÁN.

MIRA, HAN CAIDO ENTRE LAS PIEDRAS Y SE SECARAN POR FALTA DE TIERRA.
AHÍ NO TIRES SEMILLAS. LAS ZARZAS LAS AHOGARÁN Y NO LAS DEJARÁN CRECER.
YA HEMOS TERMINADO.
LA QUE HA CAÍDO EN TIERRA BUENA, DARÁ FRUTO.
¿LO HABÉIS ENTENDIDO?
¡PEDRO, MAR ADENTRO! PASAREMOS EL DÍA EN EL LAGO.

LA BUENA NOTICIA

ASÍ SERÉIS FELICES, AUNQUE OS PERSIGAN.
¡VOSOTROS SOIS LA LUZ DEL MUNDO!
Y LA LUZ ESTÁ PARA ALUMBRAR. ¡COMO EL SOL!
ALGUNOS SE CONFORMAN CON CUMPLIR LA LEY. LO IMPORTANTE ES DESCUBRIR SU SIGNIFICADO.
POR EJEMPLO: NO BASTA CON DECIR: YO NO MATO. PORQUE YO DIGO: ¡NO INSULTÉIS!
NO HACE FALTA QUE JURÉIS. BASTA CON DECIR LA VERDAD.
DECÍS: YO AMO A MI AMIGO. ¡VAYA COSA! HAY QUE AMAR AL QUE OS TRATA MAL.

CUANDO DÉIS LIMOSNA, QUE NO SE ENTERE NI LA OTRA MANO.
Y CUANDO RECES, NO PRESUMAS.
CUANDO AYUNÉIS, QUE NO LO NOTE NADIE.
HAY QUE DECIDIRSE: O DIOS O EL DINERO...
... PORQUE NO SE PUEDE TENER DOS AMOS AL MISMO TIEMPO.
NO ESTÉIS PREOCUPADOS POR LO QUE PASARÁ MAÑANA.
¿VÉIS ESOS PÁJAROS? ¡NADA LES FALTA!

¿VÉIS ESTA FLOR? NO SE PREOCUPA DEL DINERO, Y ¡QUÉ BONITA ES!
PERO SI NO AHORRAMOS DINERO...
¡DIOS, VUESTRO PADRE, OS QUIERE MÁS QUE A LOS PÁJAROS Y LAS FLORES!
¿CREÉIS QUE CON DECIR AMO A DIOS YA ESTÁ TODO?
DIME, ¿QUE LE PASA A UNA CASA SIN CIMIENTOS?
¡QUE SE CAE!
PUES ASÍ ES EL QUE ME ESCUCHA PERO NO CUMPLE LO QUE DIGO.
VOLVED A VUESTRAS CASAS. YA ES TARDE.
ESTE ES FELIPE.
¿QUÉ DESEAS?

MIS AMIGOS Y YO QUEREMOS IR CONTIGO.
ACERCAOS
ERAN BARTOLOMÉ, TOMÁS, SANTIAGO, TADEO, SIMÓN Y JUDAS.
VENID CONMIGO
¡FUERA DE AQUÍ! LA LEY TE PROHIBE ACERCARTE.
QUIERO VER A JESÚS. ¡DEJADME EN PAZ!
YO SOY JESÚS. ¿QUÉ QUIERES DE MÍ?
TODOS ME DESPRECIAN PORQUE SOY LEPROSO. ¿QUIERES CURARME?
¡CLARO QUE QUIERO! ¡YA ESTÁS CURADO!

¡ESTOY CURADO DE VERDAD! GRACIAS, SEÑOR.
NO SE LO DIGAS A NADIE.
¿HAS VISTO? ¡HA CURADO A UN LEPROSO!
¡CASI NO ME LO CREO...!
¿TÚ ERES JESÚS?
YO SOY. ¿QUÉ DESEAS?
TENGO UN CRIADO QUE ES UN HERMANO PARA MÍ...
LEVÁNTATE, ROMANO.
...ESTÁ MUY ENFERMO...
VAMOS A TU CASA.
NO MEREZCO QUE VENGAS A MI CASA... SÓLO CON QUE LO DIGAS SE CURARÁ.

¡EN NADIE HE VISTO TANTA FE! VUELVE A CASA. TU CRIADO ESTÁ CURADO.
¡QUÉ HAMBRE TENGO! MENOS MAL QUE YA ESTAMOS EN CASA.
IRÉ DELANTE PARA AVISAR QUE ESTAMOS AQUÍ.
HABRÁ QUE ESPERAR. MI SUEGRA ESTÁ ENFERMA Y...
TENGO MUCHO FRÍO.
TIENE MUCHA FIEBRE.
VOSOTROS PONED LA MESA.
NECESITAMOS COMER. PRUEBA A LEVANTARTE.
YA ME ENCUENTRO MEJOR. NO TENGO TANTO FRÍO.

MIENTRAS SE HACE LA COMIDA, VAMOS A BEBER UN POCO.
VAMOS A HACER UNAS TORTAS.
JUAN, TRAE LEVADURA DE AYER
DAME LA LEVADURA. YO LA PONDRÉ.
EL REINO DE DIOS ES COMO LA LEVADURA...
... QUE SE PONE DENTRO DE LA MASA PARA HACERLA FERMENTAR.
SÓLO UN POCO DE LEVADURA BASTA. ¿COMPRENDÉIS?

¿VIENES A PESCAR?
VOY A ESCUCHAR A JESÚS.
GUARDADME UN SITIO.
TODAS VAN.
ES VERDAD. DICE UNAS COSAS... Y CON UNA AUTORIDAD...
¡Y LOS MILAGROS QUE HACE!
¿DE QUÉ ESTÁ HABLANDO?
DE TRIGO... DE CIZAÑA...
POR FAVOR, DEJADME PASAR.
IMPOSIBLE... COMO NO SEA POR EL TECHO...

MAESTRO ES QUE ES UN ENFERMO... NO SE PUEDE POR LA PUERTA. SÓLO TÚ...
BAJADLO POR AHÍ.
¿NO SE PUEDE HACER MÁS SENCILLO?
Y EN DÍA DE SÁBADO. ¡QUÉ ESCÁNDALO!
YO, MAESTRO, NO PUEDO ANDAR Y...
TUS PECADOS ESTÁN PERDONADOS.
SÓLO DIOS PUEDE HACER ESO...
¿POR QUÉ PENSÁIS MAL?
¿QUÉ ES MÁS FÁCIL: CURAR O PERDONAR?

LEVÁNTATE, COGE TU CAMILLA Y VETE A CASA.
¡PARA QUE VEÁIS QUE TAMBIÉN PUEDO PERDONAR LOS PECADOS!
¡ES INTOLERABLE! EN SÁBADO NO SE PUEDE TRABAJAR!
EL SÁBADO ESTÁ AL SERVICIO DEL HOMBRE. ¡NO AL REVÉS!
VIENE GENTE.
CLARO, DESPUÉS DE LO DE AYER...
MAESTRO, ¿CUÁNDO HAS VENIDO?
SÓLO ME BUSCÁIS PORQUE VEIS MILAGROS.

ESTUVO MUCHO RATO HABLÁNDOLES DEL REINO DE DIOS.
MAESTRO, YA ES TARDE. QUE VUELVAN A CASA.
NO. NECESITAN COMER. SE DESMAYARÍAN POR EL CAMINO.
NO TENEMOS MÁS QUE CINCO PANES.
NO HAY NI PARA NOSOTROS.
¡BENDITO SEAS, SEÑOR POR EL PAN DE LA TIERRA!
¡REPARTIDLO!
MAESTRO, ESTE CHICO TIENE UNOS PECES PERO...
REPARTIDLOS TAMBIÉN.

¿DE DÓNDE SACARÁN TANTA COMIDA?
PUES NO HABÍA MÁS QUE UNOS PANES Y UNOS POCOS PECES.
¿NO OS DÁIS CUENTA? ¡NOS HA DADO DE COMER A TODOS!
¡HAGÁMOSLE NUESTRO REY!
¡¡SI!! ¡¡FUERA LOS ROMANOS!!
¡ESTÁIS EQUIVOCADOS! COMER NO ES LO ÚNICO IMPORTANTE.
¿QUÉ TENEMOS QUE HACER?
¡CREER EN DIOS QUE ME HA ENVIADO!
VÁMONOS DE AQUÍ. PREPARA LA BARCA.
¡NO DEJAREMOS QUE SE VAYA! ¡VAMOS A CAFARNAÚM!

¿POR QUÉ TENEMOS QUE CREER EN TI?
¿ERES MÁS QUE MOISÉS QUE DIO EL MANÁ A NUESTROS PADRES?
NO FUE MOISÉS. ES DIOS QUIEN DA EL PAN DEL CIELO.
¡TODOS QUEREMOS COMER ESE PAN!
¡SÍ! TODOS QUEREMOS EL PAN DE DIOS.
YO SOY EL PAN DE VIDA. QUIEN LO COMA, NO TENDRÁ YA MÁS HAMBRE
¿NO ES ÉSE JESÚS EL DE NAZARET?
¿EL CARPINTERO?
¡NO MURMURÉIS! QUIEN COMA MI CARNE, VIVIRÁ SIEMPRE!

¡COMER TU CARNE! ¡ESTO NO SE PUEDE OIR!
YO ME VOY.
¿VOSOTROS TAMBIÉN OS VÁIS?
¿A DÓNDE IRÍAMOS? ¡SÓLO TUS PALABRAS TIENEN VIDA!
ESCUCHAD: YO TENGO COSAS EN QUÉ PENSAR. NECESITO ESTAR SOLO.
MIENTRAS TANTO, IRÉIS POR LAS CIUDADES.
¿NOSOTROS SOLOS?
SÍ. PERO DE DOS EN DOS.
¿Y QUÉ TENEMOS QUE DECIR?
SÓLO ESTO: EL REINO DE DIOS ESTÁ ENTRE NOSOTROS.
PARA QUE OS CREAN, CURAD A ENFERMOS, LIMPIAD LEPROSOS Y RESUCITAD MUERTOS.

NO NECESITÁIS DINERO NI ALFORJAS. DAD SÓLO LA PAZ.
SERÉIS OVEJAS ENTRE LOBOS. PERO NO TENGÁIS MIEDO.
ES POSIBLE QUE OS LLEVEN A LOS TRIBUNALES Y OS MALTRATEN...
... PERO DIOS VUESTRO PADRE OS DIRÁ LO QUE TENGÁIS QUE DECIR.
NO TENGÁIS MIEDO DE ALGUNOS HOMBRES. SÓLO PUEDEN MATAR EL CUERPO.
NO TENGÁIS MIEDO DE LA VERDAD. TODO SE SABRÁ A SU TIEMPO.
MAÑANA MARCHARÉIS. YO OS ESPERARÉ AQUÍ.

VAMOS A NAÍM. HABLAREMOS DEL REINO DE DIOS.
JESÚS LES IBA INSTRUYENDO EN SU MISIÓN.
¡ALLÍ ESTÁ NAÍM!
MAL DÍA HEMOS ESCOGIDO. ESTÁN TODOS EN ESE ENTIERRO.
¿QUIÉN SE HA MUERTO?
¡UNA DESGRACIA! ¡POBRE MUJER! PRIMERO SE QUEDA VIUDA Y AHORA PIERDE SU ÚNICO HIJO.
¡PARAD UN MOMENTO!

MUJER, NO LLORES.
MUCHACHO: A TI TE LO DIGO. ¡LEVÁNTATE!
VE CON TU MADRE.
¡UN GRAN PROFETA NOS HA VISITADO!
JESÚS SE LLEVÓ A PEDRO, SANTIAGO Y JUAN A UNA MONTAÑA...
...Y ALLÍ SE TRANSFIGURÓ ANTE ELLOS.

ESTE ES MI HIJO AMADO. ESCUCHADLE.
LEVANTAOS. VOLVEMOS A CASA.
NO CONTÉIS A NADIE LO QUE HABÉIS VISTO.
... VAMOS A JERUSALÉN... ALLÍ ME ACUSARÁN Y ME MATARÁN.
... PERO AL TERCER DÍA RESUCITARÉ.

SUBAMOS A JERUSALÉN

LLEGARON A CESAREA DE FILIPO...
Cesarea de Filipo
Mar Mediterráneo
SIRO-FENICIA
GALILEA
Cafarnaun
Lago de Galilea
Gaba
MONTE TABOR
Nazaret
AQUÍ HE GANADO YO MUCHO DINERO CON LOS IMPUESTOS.
VAMOS A DESCANSAR. EL VIAJE HA SIDO LARGO.
¿QUÉ PENSARÁN TODOS ESTOS DE MÍ?
ALGUNOS CREEN QUE ERES JUAN BAUTISTA QUE HA RESUCITADO...
UNO ME HA PREGUNTADO SI ERES JEREMÍAS...
OTRO DECÍA: ES ELÍAS, QUE HA VUELTO.
ESTÁN SEGUROS DE QUE ERES UN PROFETA.
Y VOSOTROS, QUE SOIS MIS AMIGOS, ¿QUÉ DECÍS?
TU ERES EL SALVADOR QUE ANUNCIARON LOS PROFETAS.
DICHOSO TÚ, SIMÓN. LO QUE HAS DICHO VIENE DE DIOS.

EN ADELANTE, TE LLAMARÁS PEDRO.
¿QUÉ SIGNIFICA ESTO? ¿POR QUÉ LE CAMBIAS EL NOMBRE?
PEDRO SERÁ UNA "PIEDRA" IMPORTANTE EN MI REINO. TODOS OS UNIRÉIS EN TORNO A ÉL.
LO QUE TÚ HAGAS AQUÍ LO DARÉ POR BUENO EN EL CIELO.
ESTO NO LO COMENTÉIS CON NADIE. YA IRÁN DESCUBRIENDO QUIÉN SOY YO.
YA LO HABÉIS OÍDO: EL JEFE SERÉ YO.
YO LE CONOCÍ ANTES QUE VOSOTROS...
YO SOY MAYOR...
YO LLEVO EL DINERO: SOY SU PERSONA DE CONFIANZA.
YO HE DEJADO MI OFICIO DE RECAUDADOR POR CONSEGUIR ALGO MEJOR. ADEMÁS, TENGO INFLUENCIAS EN ROMA...

¿QUÉ ESTÁIS DISCUTIENDO?
NO QUIEREN RECONOCER QUE ME HAS PROMETIDO SER EL JEFE...
NO SE TRATA DE MANDAR... LOR REYES Y LOS JEFES ABUSAN Y OPRIMEN. PERO EN MI REINO...
...EL QUE QUIERA SER EL PRIMERO TIENE QUE ESTAR AL SERVICIO DE LOS DEMÁS.
NIÑOS, MARCHÁOS DE AQUÍ, DEJADNOS TRANQUILOS.
NO. NO LES ECHÉIS...
... LOS NIÑOS SON PARA MÍ LO MÁS IMPORTANTE. SI NO OS HACÉIS COMO NIÑOS, NO ENTRARÉIS EN MI REINO.
SE DIRIGIAN A JERUSALEN. ATRAVESANDO SAMARIA...
Cesarea de Filipo
SIRO-FENICIA
Mar Mediterráneo
GALILEA
Lago de Galilea
Cesarea
DECAPOLIS
SAMARIA
RIO JORDAN
PEREA
JUDEA
Jerusalén
Mar Muerto

ESTOY HARTO DE ESTOS GALILEOS QUE NOS MOLESTAN PASANDO HACIA JERUSALÉN.
NUESTRO TEMPLO ES MEJOR QUE EL SUYO.
NO LES DEJEMOS PASAR MÁS.
¿QUÉ, A JERUSALÉN?
SÍ, VAMOS A CELEBRAR LA PASCUA.
PUES YA ESTÁIS BUSCANDO OTRO CAMINO...
POR AQUÍ NO VÁIS A PASAR MÁS.
PASAREMOS A LA FUERZA...
NO. A LA FUERZA NO HAREMOS LAS COSAS. QUEDAD EN PAZ.
MAESTRO, ¡QUE LLUEVA FUEGO SOBRE ESTE PUEBLO!
NO DESEÉIS MAL A NADIE, NI A LOS ENEMIGOS. VAMOS POR OTRO SITIO.
NO ENTIENDO POR QUÉ HAY QUE AMAR A LOS ENEMIGOS. MOISÉS NOS MANDÓ SÓLO AMAR AL PRÓJIMO...
ESCUCHAD.

UN HOMBRE BAJABA DE JERUSALÉN A JERICÓ...
¡DÁNOS LA BOLSA!
ESTO DE PROPINA. PARA QUE NO NOS PERSIGAS.
¡¡ AY !! ¡SOCORRO!
PARECE QUE ESTÁ MUERTO. SI LO TOCAMOS, QUEDAREMOS IMPUROS...
Y LLEGARIAMOS TARDE AL TEMPLO...

TÚ, QUE ERES SAMARITANO, ¿TE PREOCUPAS DE UN JUDÍO?
LO HE ENCONTRADO EN EL CAMINO...
QUÉ IMPORTA ESO...
SIGUE CUIDANDO DE ÉL. YO TE PAGARÉ CUANDO VUELVA.
NO TE PREOCUPES. MARCHA EN PAZ.
¿QUÉ OS PARECE? ¿QUIÉN FUE EL PRÓJIMO DEL HERIDO?
¡EL SAMARITANO!
ASÍ ES. HACED LO MISMO.
HEMOS DE SEGUIR. LA NOCHE SE NOS VIENE ENCIMA.

VAMOS A BUSCAR UNA CUEVA PARA PASAR LA NOCHE
¿DÓNDE ESTÁ JESÚS?
LE HE VISTO SALIR...
VAMOS A BUSCARLE.
¿QUÉ HACES? ES HORA DE DORMIR...
ESTOY ORANDO AL PADRE...
ENSEÑANOS A ORAR.
DECID...
PADRE, SANTIFICADO SEA TU NOMBRE...
... QUE TU REINO LLEGUE A NOSOTROS...
... DANOS CADA DÍA NUESTRO PAN...
... PERDONA NUESTRAS FALTAS, COMO NOSOTROS PER- DONAMOS A QUIENES NOS HACEN MAL...

... NO PERMITAS QUE CAIGAMOS EN ALGUNA TENTACIÓN ...
PRONTO LLEGARON A LA CIUDAD DE JERICÓ.
¡ESA CANTIDAD ES UN ABUSO!
ES LO QUE MARCA LA LEY
TE CREES EL AMO PORQUE ERES RECAUDADOR. ¡ALGÚN DÍA TE ARREPENTIRÁS!
PAGA Y CALLA.
ES EL PROFETA DE NAZARET...

PAGAD PRONTO, QUE QUIERO IR A VERLO.
¿SE QUERRÁ CONVERTIR ESTE LADRÓN?
BAJA, ZAQUEO, QUE QUIERO HABLAR CONTIGO.
¿ME INVITAS A CENAR? TENEMOS MUCHAS COSAS DE QUE HABLAR...
¡CON MUCHO GUSTO!
COBRÁIS IMPUESTOS ABUSIVOS... ESTÁIS EXPLOTANDO AL PUEBLO...
¡EL DINERO ES NECESARIO PARA VIVIR!
EL DINERO INJUSTO TE APARTA DE DIOS.
DEVOLVERÉ LO QUE HE ROBADO... COMPARTIRÉ MI DINERO CON LOS POBRES...

MUY BIEN.
ESE ES EL
CAMINO PARA
SALVARTE.
ESTE ES UN
LADRÓN. LA GENTE
NOS CRITICARÁ
COMO OTRAS
VECES...
HE VENIDO
PRECISAMENTE
A SALVAR LO
PERDIDO.
UN PADRE TENÍA
DOS HIJOS ...
ERES UN VAGO.
NO TRABAJAS
NUNCA ...
CÁLLATE.
¡ESTOY HARTO
DE TI !
SIEMPRE ESTÁIS
DISCUTIENDO.
CON ESE HIJO TUYO
NO SE PUEDE VIVIR. MEJOR
SERÁ QUE NOS DIVIDAS
LA HERENCIA...
EL HIJO
MENOR RECOGIÓ
SU PARTE Y SE
MARCHÓ DE CASA

MUCHOS AMIGOS ACUDÍAN A ÉL, MIENTRAS TUVO DINERO PARA GASTAR...
... PERO CUANDO SE ACABÓ EL DINERO, TODOS LE ABANDONARON
LOS CERDOS TIENEN ALGO QUE COMER ... YO NI ESO.
VOLVERÉ A CASA, CON MI PADRE...
PEDIRÉ PERDÓN A MI PADRE... AL MENOS, QUE ME ADMITA COMO UN JORNALERO...
PADRE, PERDÓNAME...
¡QUÉ ALEGRÍA, HAS VUELTO!

TRAED UNA TÚNICA NUEVA... PREPARAD UN BANQUETE... LLAMAD A LOS MÚSICOS...
¿QUÉ PASA?
HA VUELTO TU HERMANO, Y TU PADRE HA ORGANIZADO UNA GRAN FIESTA.
¡HA VUELTO ESE DESGRACIADO! SEGURO QUE LO HA MALGASTADO TODO...
VEN A LA FIESTA. ¡HA VUELTO TU HERMANO!
NO ENTRARÉ. NO QUIERO NI VERLE...
DEBES ALEGRARTE. LE DÁBAMOS POR MUERTO, Y LE HEMOS ENCONTRADO.
ASÍ ES LA ALEGRÍA EN EL CIELO CUANDO UN PECADOR CAMBIA DE VIDA.

SIGUIERON CAMINANDO HACIA JERUSALÉN.
JESÚS, TEN COMPASIÓN DE MÍ.
YA ESTÁ GRITANDO BARTIMEO. ¡HACEDLE CALLAR!
LLAMADLE.
SEÑOR, SOY CIEGO. CÚRAME.
MARCHA EN PAZ, TU FE TE HA CURADO.
REALMENTE, ES UN PROFETA.
DIOS SE HA ACORDADO DE NOSOTROS.
TODO LO HACE BIEN...
AQUÍ HAY UN HOMBRE QUE TE BUSCA.
VENGO DE BETANIA, PARA DECIRTE QUE TU AMIGO LÁZARO ESTÁ ENFERMO.

NO ES ENFERMEDAD DE MUERTE. VERÉIS LA GLORIA DE DIOS.
ERA DÍA DE SÁBADO, LA FIESTA DE LOS JUDÍOS...
¿QUE CULPA TIENE ESTE HOMBRE PARA NACER CIEGO?
SERÁ POR CULPA DE SUS PADRES...
NO ECHÉIS CULPAS A NADIE...
¿QUIERES VER?
SÍ, MAESTRO, DAME LA VISTA.
VE A LAVARTE A LA FUENTE.

¡YA VEO!
¡YA VEO!
¿ES ÉSTE EL CIEGO QUE PEDÍA LIMOSNA?
NO ES ÉL.
SÍ QUE ES...
SE LE PARECE, PERO NO ES EL MISMO...
SOY EL MISMO.
ESE JESÚS HIZO BARRO, ME UNTÓ LOS OJOS, ME MANDÓ A LAVARME, Y AHORA VEO...
¿CÓMO ES QUE AHORA VES?
ESE JESÚS NO CUMPLE LA LEY DEL SÁBADO. ES UN PECADOR.
LO DIREMOS A LOS SACERDOTES.

¿TÚ QUE DICES?
NO ES VERDAD QUE NACIÓ CIEGO. NOS ESTARÁ ENGAÑANDO.
QUE ES UN PROFETA
LA NOTICIA LLEGÓ PRONTO A LOS SACERDOTES...
EL "PROFETA DE NAZARET" ES UN PECADOR.
HA PROFANADO EL SÁBADO CURANDO A UN CIEGO
ESTO NO PUEDE QUEDAR ASÍ. EXAMINAREMOS EL CASO.
AL DÍA SIGUIENTE...
¿QUÉ HIZO PARA DARTE LA VISTA?

¡HIZO BARRO, ME UNTÓ LOS OJOS, ME MANDÓ A LAVARME Y VEO!
¡DECID VOSOTROS LA VERDAD!
ESTE ES NUESTRO HIJO, QUE NACIÓ CIEGO.
¿CÓMO ES QUE AHORA VE?
ESO YA NO LO SABEMOS, PREGÚNTASELO A ÉL, QUE ES MAYOR.
SABEMOS QUE ESE HOMBRE ES UN PECADOR. DINOS LA VERDAD DE LO QUE PASÓ.
NO SÉ SI ES UN PECADOR... PERO YO NACÍ CIEGO Y AHORA VEO.
¿QUÉ ES LO QUE TE HIZO?
¿OTRA VEZ? ¿ES QUE QUERÉIS SER DISCÍPULOS SUYOS?

TÚ SERÁS SU DISCÍPULO, ¡HIJO DE PERRA! NOSOTROS SOMOS DISCÍPULOS DE MOISÉS.
TÚ ERES UN PECADOR COMO ÉL. QUEDAS EXPULSADO DEL TEMPLO.
¿TÚ CREES EN EL SALVADOR ESPERADO?
¿QUIÉN ES, PARA QUE CREA?
SOY YO, EL QUE TE DIO LA VISTA.
CREO, SEÑOR.
HE VENIDO A DAR VISTA A LOS CIEGOS. PERO LOS QUE TIENEN OJOS, SE NIEGAN A VER.
VAMOS A BETANIA, A VER A NUESTRO AMIGO LÁZARO.

BETANIA ESTÁ CERCA DE JERUSALÉN SABES QUE TE BUSCAN PARA MATARTE...
NO IMPORTA. LO QUE TENGA QUE PASAR, PASARÁ.
QUÉ PENA QUE HAYAS LLEGADO TARDE... HACE CUATRO DÍAS QUE MURIÓ.
NO DIGAS QUE ES TARDE... TU HERMANO RESU-CITARÁ.
LO SÉ. RESUCITARÁ AL FIN DEL MUNDO.
¿NO CREES QUE PUEDE RESU-CITAR AHORA?
SÉ QUE LO PUEDES TODO. ERES EL HIJO DE DIOS.
HA VENIDO JESÚS. VEN A VERLE.
¿QUÉ PASA?

¿POR QUÉ NO HAS VENIDO ANTES? ESTANDO TÚ AQUÍ, MI HERMANO NO HUBIERA MUERTO...
ESTÁ LLORANDO...
ES QUE ERAN MUY AMIGOS...
DICEN QUE HA HECHO MUCHOS MILAGROS... ¿POR QUÉ NO HA EVITADO QUE MURIERA SU AMIGO?
GRACIAS, PADRE, SÉ QUE ME ESCUCHAS...
QUITAD LA PIEDRA.
HUELE MUY MAL. HACE CUATRO DÍAS QUE MURIÓ.
CONFÍA EN MÍ. QUITAD LA PIEDRA.

LÁZARO, LEVÁNTATE Y SAL AFUERA
DESATADLE LAS VENDAS Y EL SUDARIO. DEJADLE CAMINAR.
¡ESTÁ VIVO! ¡ESTÁ VIVO!
DEMOS GRACIAS A DIOS.
REALMENTE, JESÚS ES UN PROFETA.
ESTE HOMBRE HACE DEMASIADOS MILAGROS. PUEDE PROVOCAR UN DESORDEN PÚBLICO.
VAMOS A DENUNCIARLO AL SANEDRÍN.

EL CONFLICTO

ESO NO OCURRIRÁ... TÚ ERES EL MESÍAS, Y EL MESÍAS NO PUEDE MORIR.
CALLA, PEDRO. NO LO ENTIENDES.
YO HE VENIDO A DAR LA VIDA PARA QUE VOSOTROS TENGÁIS VIDA...
SI TÚ MUERES, ¿QUÉ NOS VA A PASAR A NOSOTROS?
EL QUE QUIERA SER MI DISCÍPULO, QUE SE PREPARE A SUFRIR. SÓLO EN LA MUERTE ENCONTRARÉIS LA VIDA.
CUESTA ACEPTAR ESTAS PALABRAS.
LO QUE HAGAN CONMIGO HARÁN CON VOSOTROS. PERO NO OS PREOCUPÉIS: CON VUESTRA FE VENCERÉIS AL MUNDO...
YA TRAEN EL BORRICO QUE QUERÍAS. ¿PARA QUÉ ES?
PRONTO LO VERÉIS.
EL DUEÑO DEL BORRICO HA SIDO MUY AMABLE.
LE HEMOS DICHO QUE SE LO DEVOLVEREMOS PRONTO.

¡HOSANNA!
¡VIVA EL HIJO DE DAVID!
¡VIVA EL REY DE ISRAEL!
¡VIVA NUESTRO REY!
¡HOSANNA!
ES DIOS QUIEN LO ENVÍA...
REPRÉNDELES. QUE CALLEN... ESOS GRITOS SON BLASFEMIAS...
SI ÉSTOS CALLARAN, HASTA LAS PIEDRAS HABLARÍAN.
ESTO ES UNA MANIFESTACIÓN ILEGAL, UN ALBOROTO PÚBLICO. NO LO PODEMOS TOLERAR...
ES LO QUE DIJO EL PROFETA: MIRA A TU REY QUE VIENE SOBRE UN BORRICO...

LOS ROMANOS SACARÁN SU EJÉRCITO CONTRA NOSOTROS...
NO CONOCES AL QUE VIENE A TRAERTE LA PAZ...
¡HOSANNA!
¡VIVA NUESTRO REY!
¡VIVA EL HIJO DE DAVID!
¿QUIÉN ES ÉSTE?
ES EL PROFETA JESÚS. DE NAZARET DE GALILEA.
HA SUPERADO TODOS LOS LÍMITES. NO PODEMOS ESPERAR UN DÍA MÁS.
HACE UNOS DÍAS, RESUCITÓ A UN MUERTO.
TIENE QUE SER EL MESÍAS QUE ESPERA-MOS...
LOS JEFES NO LO ACEPTAN. DICEN QUE ES UN PECADOR.
NO PODEMOS FIARNOS DE LOS JEFES. SON UNOS ENVIDIO-SOS.

HE OÍDO QUE QUIEREN MATARLE...
NO ES POSIBLE... HASTA AHÍ PODRÍAMOS LLEGAR!
ES INCREÍBLE LO QUE ESTÁ HACIENDO.
NO HAY MÁS REMEDIO QUE ACABAR CON ÉL.
ESTO ES UN NEGOCIO SUCIO...
SÓLO QUERÉIS GANAR DINERO...
HABÉIS CONVERTIDO EL TEMPLO EN UNA CUEVA DE LADRONES...
ESTOS ANIMALES SON NECESARIOS PARA LOS SACRIFICIOS...
YA NO HABRÁ MÁS SACRIFICIOS.

ESTÁS PROFANANDO EL TEMPLO.
DESTRUID ESTE TEMPLO, QUE YO EN TRES DÍAS LO HARÉ NUEVO...
¡ESTÁ LOCO! ¿CÓMO VA A RECONSTRUIR EL TEMPLO EN TRES DÍAS?
¿QUIÉN ERES TÚ PARA HACER ESO? DÁNOS UNA SEÑAL DE TU PODER.
¿OS ACORDÁIS DEL PROFETA JONÁS? SE LO TRAGÓ UN GRAN PEZ, Y A LOS TRES DÍAS VOLVIÓ A LA VIDA...
ME MATARÉIS, PERO A LOS TRES DÍAS RESUCITARÉ. ÉSA SERÁ LA SEÑAL DE QUE DIOS ESTÁ CONMIGO.
POR ESO HE DICHO QUE EN TRES DÍAS RECONSTRUIRÉ EL TEMPLO.

¡ESTO ES EL COLMO! NO PODEMOS SOPORTARLO MÁS...
HAY QUE ACABAR CON ÉL.
SI LE DEJAMOS, ACABARÁ CON LA RELIGIÓN DEL PUEBLO.
SE CREE QUE ES DIOS...
REALMENTE ÉSTE ES EL PROFETA...
ESTE ES EL MESÍAS...
ES UN ENDEMONIADO Y ESTÁ LOCO, ¿POR QUÉ LE ESCUCHÁIS?
LOS ENDEMONIADOS NO ABREN LOS OJOS DE LOS CIEGOS, NI DAN VIDA A LOS MUERTOS...
SÓLO LE ESCUCHAN LOS IGNORANTES Y LOS QUE NO CUMPLEN LA LEY.
NUNCA NADIE HA HABLADO COMO ÉSTE HOMBRE
YA ES HORA DE QUE ALGUIEN LUCHARA POR LA JUSTICIA.

¡FARISEOS Y ESCRIBAS HIPÓCRITAS! ¡NI ENTRÁIS EN EL REINO DE DIOS, NI DEJÁIS QUE OTROS ENTREN...
CUMPLÍS TODAS VUESTRAS TRADICIONES Y COSTUMBRES, PERO OLVIDÁIS LO MÁS IMPORTANTE: LA JUSTICIA, LA MISERICORDIA Y LA FE.
¡AY DE VOSOTROS...! SOIS COMO LOS SEPULCROS BLANQUEADOS: PARECÉIS JUSTOS, PERO ESTÁIS LLENOS DE HIPOCRESÍA Y DE MALDAD.
PRIMERO MATÁIS A LOS PROFETAS, Y LUEGO LES LEVANTÁIS UN MONUMENTO.
VÁMONOS, ES INÚTIL HABLARLES...

HAY DEMASIADA GENTE QUE LE SIGUE
Y SON DEMASIADOS LOS MILAGROS QUE REALIZA.
¡SI, AL MENOS, RESPETARA NUESTRA LEY!
ECHA POR TIERRA TODAS NUESTRAS TRADICIONES.
NO LO PODEMOS TOLERAR.
LA GENTE LE TIENE POR EL MESÍAS...
EL MESÍAS NO VENDRÁ DE GALILEA, COMO ÉL, SINO DE BELÉN DE JUDÁ...
NO OS PREOCUPÉIS: LOS QUE LE SIGUEN SON UNOS POBRES HOMBRES...
BIEN, BIEN... VAMOS A VER QUÉ HACEMOS CON ESE JESÚS, QUE ES UN PECADOR, Y SE HACE PASAR POR UN PROFETA...

NO SÓLO SE LLAMA PROFETA, SINO QUE SE ATREVE A PERDONAR LOS PECADOS.
LLAMA PADRE A DIOS, Y SE CREE IGUAL A ÉL...
EL PUEBLO ESTÁ A SU FAVOR, HAY QUE TENER CUIDADO.
¡QUÉ IMPORTA EL PUEBLO! ESTÁ EN JUEGO NUESTRO PRESTIGIO...
ES UN REVOLUCIONARIO. SI NO ACABAMOS CON ÉL, LOS ROMANOS ACABARÁN CON NOSOTROS.
CONVIENE QUE MUERA UN SOLO HOMBRE POR EL PUEBLO, Y NO QUE TODO EL PUEBLO PEREZCA.
¡MUERTE AL IMPOSTOR!
NO OBREMOS A LA LIGERA. HEMOS DE HACER BIEN LOS PLANES.
DENTRO DE UNOS DÍAS CELEBRAREMOS LA PASCUA.
SEGURO QUE EN ESOS DÍAS ESTARÁ EN JERUSALÉN.

HEMOS DE DECIR A LOS ALGUACILES DEL TEMPLO QUE VIGILEN Y NOS TENGAN AL CORRIENTE...
HAY QUE MATARLO ANTES DE QUE VENGAN LOS FORASTEROS A CELEBRAR LA PASCUA. ASÍ HABRÁ MENOS JALEO...
NO PUEDES ENTRAR. ESTÁN REUNIDOS.
ES NECESARIO QUE HABLE CON EL SUMO SACERDOTE.
¿QUIÉN ERES? NO MOLESTES AHORA.
HE DE DECIROS ALGO QUE OS INTERESA.
YO CREÍA EN JESÚS, LE SEGUÍA, ERA SU AMIGO. PERO TODO ES UN ENGAÑO. ES UN FARSANTE. TENÉIS VOSOTROS RAZÓN.
NOS HABLABA DE INSTAURAR EL REINO DE DIOS, Y YO PENSABA OCUPAR UN BUEN PUESTO.

PERO NO QUIERE DINERO, NI COMODIDADES, NI PODER... ¡ESTÁ LOCO!
TODO ESO LO SABEMOS. ¿TÚ QUE NOS PROPONES?
CONOZCO SUS COSTUMBRES. YO OS LO ENTREGARÉ PARA QUE LE MATÉIS...
¿QUE PIDES A CAMBIO? ¿TE CONFORMAS CON TREINTA MONEDAS DE PLATA?
DE ACUERDO.
PERO PRONTO, PRONTO. HA DE SER CUANTO ANTES...

RESUCITO DE ENTRE LOS MUERTOS

TODOS QUIEREN MANDAR... ENTRE VOSOTROS EL QUE QUIERA SER EL PRIMERO, QUE SE PONGA A SERVIR A LOS DEMÁS.
NO PUEDO CONSENTIR QUE ME LAVES LOS PIES.
PEDRO, AÚN NO HAS ENTENDIDO NADA.
SI NO DEJAS QUE TE LAVE LOS PIES, NO PUEDES SER AMIGO MÍO.
SI ES ASÍ, LÁVAME CUANTO QUIERAS: LOS PIES Y LAS MANOS Y LA CABEZA...
¿VÉIS? SI YO OS HE LAVADO LOS PIES, TAMBIÉN TENÉIS QUE ESTAR VOSOTROS UNOS AL SERVICIO DE OTROS.

YO OS ELEGÍ A LOS DOCE, PERO NO TODOS OS COMPORTÁIS COMO AMIGOS.
¿POR QUÉ DICES ESO? TODOS SOMOS TUS AMIGOS.
UNO DE VOSOTROS ME VA A ENTREGAR.
¿SOY YO?
¿SERÉ YO?
¿QUIÉN SERÁ?
¿QUIÉN ES?
UNO QUE ESTÁ AQUÍ...
JUDAS, LO QUE TIENES QUE HACER HAZLO PRONTO.
¿QUÉ SE LE HABRÁ OLVIDADO COMPRAR?
AHORA VOY A SER GLORIFICADO POR EL PADRE. HE DE CUMPLIR SU VOLUNTAD.

TODOS ME ABANDONARÉIS ESTA NOCHE.
¿A DÓNDE VAS?
TÚ NO PUEDES VENIR CONMIGO. ME SEGUIRÁS MÁS TARDE.
IRÉ CONTIGO. ESTOY DISPUESTO A DAR LA VIDA POR TI.
¿DE VERDAD, PEDRO? ESTA NOCHE ME HAS DE NEGAR.
NO TE NEGARÉ. SERÉ SIEMPRE TU AMIGO.
ESTA MISMA NOCHE, ANTES DE QUE CANTE EL GALLO, DIRÁS QUE NO ME CONOCES.
NO TE NEGARÉ.
NOSOTROS TAMPOCO.
PEDRO, AUNQUE SEAS TENTADO, YO CONSERVARÉ TU FE, Y ASÍ AYUDARÁS A TUS HERMANOS.
BENDITO SEAS, PADRE...

TOMAD Y COMED...
...ES MI CUERPO, QUE SE VA A ENTREGAR POR VOSOTROS.
BEBED TAMBIÉN...
... ES MI SANGRE QUE SE VA A DERRAMAR. CON ELLA SELLO UNA ALIANZA NUEVA.
CUANDO OS ACORDÉIS DE MÍ, REPETID LO QUE ACABO DE HACER.
VOY AL PADRE. ALLÍ OS PREPARARÉ UN LUGAR, PARA QUE ESTÉIS SIEMPRE CONMIGO.
SI, AL MENOS, VIÉRAMOS AL PADRE...
BASTA QUE ME CONOZCÁIS A MÍ. YO SOY EL CAMINO QUE LLEVA AL PADRE.

¿Y QUÉ HEMOS DE HACER?
MI MANDAMIENTO ES QUE OS AMÉIS UNOS A OTROS, LO MISMO QUE YO OS AMO.
VOY A DAR LA VIDA POR VOSOTROS. ESA ES LA MAYOR SEÑAL DE AMOR. ASÍ OS TENÉIS QUE AMAR UNOS A OTROS.
LEVANTAOS, VÁMONOS YA.
NO OS DEJARÉ SOLOS, NO OS PREOCUPÉIS. YO ESTARÉ SIEMPRE CON VOSOTROS.
CUANDO ACABÓ LA CENA, JESÚS PASÓ CON SUS DISCÍPULOS AL OTRO LADO DEL TORRENTE CEDRÓN, DONDE HABÍA UN HUERTO.
ESPERAD AQUÍ, MIENTRAS VOY MÁS ADELANTE PARA HACER ORACIÓN.

ESTOY TRISTE, SIENTO CERCANA LA MUERTE.
ACOMPAÑADME, NO ME DEJÉIS SOLO.
PADRE, APARTA DE MÍ ESTE TRAGO TAN AMARGO...
¿ES NECESARIO QUE MUERA? ¿DE QUÉ ME SIRVE EL BIEN QUE HE HECHO?
PERO, SI ES LO QUE TÚ QUIERES, QUE SE CUMPLA TODO HASTA EL FINAL...
¿NO HABÉIS PODIDO VELAR CONMIGO? EL TRAIDOR ESTÁ CERCA.

PAZ, MAESTRO.
JUDAS, ¿CON UN BESO ME ENTREGAS?
MAESTRO, ¿NOS DEFENDEMOS?
ENVAINA LA ESPADA, PEDRO. LA VIOLENCIA ENGENDRA VIOLENCIA.
VOSOTROS, ¿A QUIÉN BUSCÁIS?
A JESÚS DE NAZARET.
SI ME BUSCÁIS A MÍ, DEJAD MARCHAR A ÉSTOS.
LE LLEVARON A JUZGAR...
ECHAD MÁS LEÑA, QUE HACE FRÍO.

HOLA, BUENAS NOCHES.
BUENAS NOCHES.
A VER EN QUÉ TERMINA TODO ESTO...
PUES ACABARÁ COMO SIEMPRE...
TÚ, ¿QUÉ HACES AQUÍ? ¿NO TE HE VISTO YO CON ESE JESÚS?
YO NO VOY CON GENTE COMO ÉSE...
YO TE HE VISTO CON ÉL EN EL HUERTO.
NO CONOZCO A ESE HOMBRE...
EN EL HABLAR SE TE NOTA QUE ERES GALILEO.
OS LO JURO... NUNCA LE HE CONOCIDO.
BIEN, BIEN, JESÚS. AHORA NO ESTÁS EN LOS CAMPOS, NI EN LOS CAMINOS.. NI EN TU GALILEA...

¡AHORA, ESTÁS AQUÍ! Y NOSOTROS NO SOMOS COMO ESOS IGNORANTES!
QUEREMOS SABER LO QUE HAS DICHO EN TODOS ESTOS AÑOS... Y LO QUE HAS HECHO... Y QUEREMOS SABERLO POR TI MISMO...
NO HE HECHO NADA A ESCONDIDAS. PREGUNTA A QUIEN QUIERAS Y TE LO DIRÁN.
¿CON QUIÉN CREES QUE HABLAS? ¡CAIFÁS ES EL PONTÍFICE, MÁS RESPETO!
¿ME PEGAS POR MAL EDUCADO? ¿O PORQUE HE CONTESTADO CLARAMENTE?
BIEN, JESÚS. DICES QUE TODOS SABEN LO QUE HAS HECHO Y HAS DICHO. PUES AQUÍ HAY UNOS QUE TE QUIEREN ACUSAR.
¡OH ILUSTRÍSIMO CAIFÁS! ÉSTE SE BURLÓ DEL TEMPLO...
... DIJO QUE PODÍA DESTRUIRLO Y HACERLO NUEVO EN TRES DÍAS.

¿EN... TRES... DÍAS? JA, JA, JA, JA.
JA... JA... JA...
ILUSTRÍSIMO, AQUÍ HAY OTRO QUE...
SOBRAN YA TODOS. NO PERDAMOS TIEMPO. JESÚS, CONTÉSTAME A ESTO...
... Y DILO CLARO, EN SERIO. ¿ERES TÚ EL HIJO DE DIOS?
TÚ LO HAS DICHO SOY EL HIJO DE DIOS. ASÍ DE CLARO...
TODOS HABÉIS OÍDO LA BLASFEMIA. ¡ES REO DE MUERTE!
¡MUERTE!
¡MUERTE!

FUE LLEVADO A PILATO, EL GOBERNADOR ROMANO, PARA QUE CONFIRMARA LA PENA DE MUERTE.
¿QUÉ QUERÉIS?
QUEREMOS QUE JUZGUES A ESTE MALHECHOR.
A MÍ NO ME DÉIS EL DÍA... ESAS SON COSAS VUESTRAS Y YO EN ELLAS NO ME METO.
CONDENAR A MUERTE NO ES COSA NUESTRA. ES DECISIÓN TUYA, ROMANO.
¡ESCÚCHALE Y VERÁS... DICE QUE ES... NUESTRO REY!
¿TÚ ERES EL REY DE LOS JUDÍOS?
¿POR QUÉ ME LO PREGUNTAS?
CONTÉSTAME CLARO: ¿ERES REY O NO?
SÍ. SOY REY, PERO NO COMO VOSOTROS LO ENTENDÉIS.

PILATO, ¿QUÉ CREES QUE DIRÍA EL CÉSAR SI SUPIERA ESTO?
CALLAOS.
Y, ¿QUÉ VAS A HACER COMO REY?
QUE BRILLE LA VERDAD...
LA VERDAD... LA VERDAD... TENÉIS EN PALESTINA TANTAS VERDA-DES...
ESTE HOMBRE DEBE SER INO-CENTE. NO ENCUEN-TRO NINGUNA ACUSACIÓN SERIA.
SABÉIS QUE POR PASCUA SUELO INDULTAR UN PRESO. YA QUE ESTAMOS AQUÍ... ¿QUERÉIS QUE SUELTE A VUESTRO REY...?
NO. SUELTA A BARRABÁS.
¿A UN BANDIDO QUERÉIS QUE OS SUELTE?
SÍ, QUEREMOS A BARRABÁS
SUÉLTANOS A BARRABÁS.
QUEREMOS A BARRABÁS.

NO ME CONVENCÉIS. LO MANDARÉ AZOTAR, Y DESPUÉS LO PONDRÉ EN LIBERTAD.
AQUÍ LE TENÉIS...
CRUCIFÍCALE, CRUCIFÍCALE...
¿CÓMO QUERÉIS QUE CRUCIFIQUE A VUESTRO REY ?
¡YA ESTÁ BIEN, PILATO. NO TENEMOS MÁS REY QUE CÉSAR! CRUCIFÍCALE, O LO SABRÁN EN ROMA!
YO ME LAVO LAS MANOS EN ESTE ASUNTO. QUE SU MUERTE PESE SOBRE VUESTRAS CONCIENCIAS.
JESÚS DE NAZARET: SERÁS COLGADO EN LA CRUZ HASTA MORIR.

ENCONTRARON A UN HOMBRE DE CIRENE, LLAMADO SIMÓN, A QUIEN OBLIGARON A LLEVAR LA CRUZ.
HIJAS DE JERUSALÉN, NO LLORÉIS POR MÍ. LLORAD POR VOSOTRAS Y VUESTROS HIJOS.
LLEGARON A UN SITIO LLAMADO CALVARIO, QUE EN HEBREO SE DICE GÓLGOTA.
PADRE, PERDÓNALES, QUE NO SABEN LO QUE HACEN.

MUJER, AHÍ TIENES A TU HIJO... JUAN, AHÍ TIENES A TU MADRE...
SI NOS SALVAS, CREERÍA EN TI.
¡CALLA! NOSOTROS SOMOS CULPABLES, PERO ÉL ES INOCENTE.
INRI
HOY MISMO ESTARÁS EN MI REINO.
DIOS MÍO, DIOS MÍO, ¿POR QUÉ ME HAS ABANDONADO?
TENGO SED.
TODO ESTÁ CUMPLIDO.
PADRE, EN TUS MANOS ENCOMIENDO MI ESPÍRITU.

A LA PUERTA DEL SEPULCRO COLOCARON UNA GRAN PIEDRA...
MUY TEMPRANO, LAS MUJERES FUERON AL SEPULCRO.
¿QUIÉN VA?
LLEVAMOS AROMAS PARA UNGIR AL CRUCI-FICADO Y...
PASAD.

MARÍA, ¿COMO MOVEREMOS LA PIEDRA DEL SEPULCRO?
ALGUIEN NOS AYUDARÁ.
¡APARTÁOS DEL CAMINO!
SON LOS SOLDADOS QUE ESTABAN EN EL SEPULCRO.
DÉMONOS PRISA. ALGO HA SUCEDIDO.
¡EL SEPULCRO ESTÁ ABIERTO!
EL CUERPO NO ESTÁ AQUÍ
¡HA RESUCITADO! ANUNCIADLO A PEDRO Y A LOS DEMÁS.

IREMOS A CASA DE MARCOS. DEBEN ESTAR ALLÍ
¡ABRID!
¡NO GRITÉIS! ¡ES PELIGROSO VENIR AQUÍ!
¡EL SEÑOR NO ESTÁ! ¡HA RESUCITADO!
VE DELANTE. YO TE ALCANZARÉ.
¿NO TE ACUERDAS QUE NOS LO HABÍA DICHO?
¿HABÉIS VISTO AL SEÑOR?
EL SEPULCRO ESTÁ VACÍO.

EL RESUCITADO SE DEJA VER

¡NO GRITÉIS! PUEDEN OIRNOS.
¡ESTOY DECEPCIONADO!
SÍ. ¡TODO PARECÍA IR TAN BIEN!
AQUEL MISMO DÍA...
VOLVEMOS A EMAÚS. TODO HA TERMINADO AQUÍ.
¡PAZ! ¿PUEDO IR CON VOSOTROS?

¿DE QUÉ HABLÁIS?
¿VIENES DE JERUSALÉN Y NO SABES LO QUE HA PASADO ALLÍ?
¿QUÉ HA PASADO?
¿NO HAS OÍDO HABLAR DE JESÚS DE NAZARET?
UN GRAN PROFETA.
NUESTROS JEFES LO CONDENARON A MUERTE.
TODOS CONFIÁBAMOS QUE JESÚS SERÍA EL LIBERTADOR.
PERO LO MATARON.
TODO TERMINÓ HACE TRES DÍAS.
ALGUNAS MUJERES FUERON HOY AL SEPULCRO Y DICEN QUE HA RESUCITADO.

ALGUNOS DISCÍPULOS DICEN LO MISMO.
¡PERO A ÉL NO LE HAN VISTO!
¡QUÉ TONTOS SOIS! ¿NO SABÉIS LO QUE DICEN LOS PROFETAS?
Y LES EXPLICÓ LAS PROFECÍAS.
GRACIAS POR HABERME DEJADO CAMINAR CON VOSOTROS.
QUÉDATE... YA ES TARDE.
BENDITO SEA DIOS... TOMAD Y COMED...

PERO... SI ES ÉL!
¡SÍ! ¡ES JESÚS! ¡Y ESTÁ VIVO!
VOLVAMOS A JERUSALÉN.
¿QUIÉN ES?
ABRIDNOS. SOY CLEOFÁS.
¡LO HEMOS VISTO! Y NOS HA EXPLICADO LAS ESCRITURAS DE UNA FORMA...
¡CÓMO ARDÍA NUESTRO CORAZÓN AL OIRLE!

YO TAMBIÉN LO HE VISTO.
AL ANOCHECER...
¡PAZ A VOSOTROS!
NO TENGÁIS MIEDO. ACERCAOS.
MIRAD MIS LLAGAS. SOY YO.

TODO ESTÁ CERRADO... ¿POR DÓNDE HA ENTRADO?
¿DÓNDE ESTÁ TOMÁS?
HA SALIDO.
TOMÁS, ¡HEMOS VISTO A JESÚS!
¿SEGURO? SI NO LO VEO, NO LO CREO.
A LOS OCHO DÍAS...

¡PAZ A VOSOTROS!
TOMÁS, VEN AQUÍ.
TOCA MIS LLAGAS... ¡SOY YO!

¡SEÑOR MÍO Y DIOS MÍO!
CREÉIS PORQUE ME HABÉIS VISTO...
... MÁS DICHOSO ES EL QUE CREE SIN VER.
RECIBID EL ESPÍRITU SANTO. PERDONAD LOS PECADOS...

LOS APÓSTOLES HABÍAN VUELTO A GALILEA.
PEDRO, ¿VOLVEMOS A ECHAR LAS REDES?
¡EN TODA LA NOCHE NI UN PEZ! ¡DEJADLO YA!
¡EH! ¡LOS DE LA BARCA! ¿TENÉIS PESCADO?
¡NO!
¡A LA DERECHA! ¡ECHAD RÁPIDO!

¡LAS VAMOS A ROMPER!
HARÉ SEÑAS PARA QUE NOS AYUDEN.
¡ES EL SEÑOR!

SIMÓN, HIJO DE JUAN, ¿ME QUIERES MÁS QUE TODOS?
TÚ, SEÑOR, LO SABES TODO. TÚ SABES CUÁNTO TE QUIERO.
APACIENTA MIS CORDEROS.
CUIDA DE MI REBAÑO.

DÍAS DESPUÉS...
SERÉIS MIS TESTIGOS EN TODO EL MUNDO.
PROCLAMAD AL MUNDO LA BUENA NOTICIA.
A LOS QUE CREAN, BAUTIZAD-LES EN MI NOMBRE.

ESTARÉ SIEMPRE CON VOSOTROS.
VOLVAMOS A JERUSALÉN. COMENZAREMOS NUESTRA MISIÓN.